ITALIENISCH LERNEN

mit Kurzgeschichten

30 praxisnahe und unterhaltsame
A1 Geschichten für Anfänger
auf Italienisch und Deutsch

LISA FRATELLI

Bibliografische Information der Deutschen Nationalbibliothek.

Die Deutsche Nationalbibliothek verzeichnet diese Publikation in der Deutschen Nationalbibliografie; detaillierte bibliografische Daten sind im Internet über http://dnb.dnb.de abrufbar.

Für Fragen und Anregungen:
info@eulogiaverlag.de

ISBN Print: 978-3-96967-347-8
ISBN E-Book: 978-3-96967-349-2

Originale Erstausgabe 2023

Eulogia Verlags GmbH
Gänsemarkt 43
20354 Hamburg

Lektorat: Sandra Pichler
Satz und Layout: Tomasz Dębowski
Cover: Illustration: Shutterstock.com von Zeeding.com
bearbeitet von Aleksandar Petrović

ITALIENISCH LERNEN

mit Kurzgeschichten

30 praxisnahe und unterhaltsame
A1 Geschichten für Anfänger
auf Italienisch und Deutsch

EULOGIA
VERLAG

Inhaltverzeichnis

Ein herzlicher Empfang bei italienischen Gastfamilien 3
Ein Besuch in einem traditionellen italienischen Café. 7
Ein Ausflug zu den historischen Ruinen von Pompeji 10
Ein Spaziergang entlang der lebhaften Promenade von Neapel. 13
Eine Bootsfahrt auf dem Comer See mit malerischer Aussicht. 16
Ein Abenteuer im Kolosseum von Rom 19
Ein Tagesausflug zu den farbenfrohen Burano-Inseln 22
Eine Wanderung durch die idyllischen Weinberge der Toskana 25
Eine Begegnung mit einem begeisterten Marktverkäufer 28
Eine Entdeckungstour durch das historische Florenz. 31
Ein Picknick in einem duftenden Lavendelfeld in der Provence 34
Ein Besuch in einem traditionellen italienischen Handwerksbetrieb . . . 37
Eine Verkostung von frisch geerntetem Olivenöl in Umbrien 40
Ein Tag voller Spaß im größten Wasserpark Italiens. 43
Eine abenteuerliche Fahrt mit der Standseilbahn auf den Vesuv 46
Ein Konzert mit traditioneller italienischer Musik in einer Piazza. 49
Ein Spaziergang entlang der antiken Stadtmauer von Lucca 52
Eine Erkundungstour durch das beeindruckende Castello Aragonese. . . 55
Ein Kochkurs für die Zubereitung von authentischer Pasta 58
Ein Ausflug zu den geheimnisvollen Trulli-Häusern in Apulien. 61
Eine Weinverkostung in einem historischen Weinkeller in Chianti 64
Ein Besuch in einem lebendigen Wochenmarkt mit frischen Köstlichkeiten 67
Eine Bootsfahrt zur atemberaubenden Insel Capri 70
Ein Tag im zauberhaften Schloss Miramare an der Adria 73

Eine Begegnung mit einer talentierten italienischen Straßenkünstlerin . 76
Eine Tour durch das historische Zentrum von Verona 79
Ein Ausflug in die mystische Höhlenstadt Matera 82
Eine Fahrradtour entlang der malerischen Ligurischen Küste. 85
Ein Tag voller Abenteuer im Freizeitpark Gardaland 88
Ein Abendessen bei einer traditionellen italienischen Familie. 91

GESCHICHTE 1

ITALIENISCH:

Un caloroso benvenuto dalle famiglie ospitanti italiane

Sophie era entusiasta. Aveva deciso di partire per un soggiorno linguistico in Italia per migliorare il suo italiano. Già all'aeroporto è stata accolta calorosamente dalla famiglia ospitante. Luca, il padre ospitante, e sua moglie Giulia l'hanno accolta a braccia aperte.

La prima sera hanno invitato Sophie a una cena tradizionale italiana. Le hanno servito pasta con un delizioso sugo di pomodoro, accompagnata da pane fresco tipo ciabatta e insalata con olio d'oliva. Sophie si è sentita subito parte della famiglia. I due bambini figli degli ospiti, Martina e Marco, erano entusiasti quanto lei. Chiacchieravano, ridevano e si scambiavano storie.

Il giorno successivo, Luca ha mostrato a Sophie il quartiere. Hanno visitato il mercato locale, dove la famiglia acquistava frutta e verdura fresca. Luca spiegò a Sophie le diverse varietà e come prepararle al meglio. Sophie ha cercato di capire e parlare tutto in italiano. A volte è stato difficile, ma Luca e Giulia l'hanno aiutata con pazienza.

Nei giorni successivi, Sophie ha accompagnato Martina e Marco a scuola. Lì ha conosciuto nuovi amici e ha esercitato il suo italiano con loro. La sera, la famiglia si riuniva spesso per guardare film italiani. Luca e Giulia spiegavano a Sophie il significato di frasi e battute, in modo che potesse immergersi ancora di più nella cultura.

Sophie è stata grata per la calorosa accoglienza e il sostegno della sua famiglia ospitante. Non si è sentita solo una studentessa di lingue, ma un vero e proprio membro della famiglia. Porterà questa esperienza nel suo cuore per sempre.

DEUTSCH:

Ein herzlicher Empfang bei italienischen Gastfamilien

Sophie war aufgeregt. Sie hatte sich entschieden, einen Sprachaufenthalt in Italien zu machen, um ihre Italienischkenntnisse zu verbessern. Schon am Flughafen wurde sie von ihrer Gastfamilie herzlich empfangen. Luca, der Gastvater, und seine Frau Giulia begrüßten sie mit offenen Armen.

Am ersten Abend luden sie Sophie zu einem traditionellen italienischen Abendessen ein. Es gab Pasta mit einer köstlichen Tomatensoße, dazu frisches Ciabatta-Brot und einen Salat mit Olivenöl. Sophie fühlte sich gleich wie ein Teil der Familie. Die beiden Gastkinder, Martina und Marco, waren genauso aufgeregt wie sie. Sie plauderten, lachten und tauschten Geschichten aus.

Am nächsten Tag zeigte Luca Sophie die Umgebung. Sie besuchten den örtlichen Markt, wo die Familie frisches Obst und Gemüse einkaufte. Luca erklärte Sophie die verschiedenen Sorten und wie man sie am besten zubereitet. Sophie versuchte, alles auf Italienisch zu verstehen und zu sprechen. Es war zwar manchmal herausfordernd, aber Luca und Giulia halfen ihr geduldig.

In den folgenden Tagen begleitete Sophie Martina und Marco zur Schule. Dort lernte sie neue Freunde kennen und übte ihr Italienisch mit ihnen. Abends saß die Familie oft zusammen und schaute italienische Filme. Luca und Giulia erklärten Sophie die

Bedeutung von Redewendungen und Witzen, damit sie noch mehr in die Kultur eintauchen konnte.

Sophie war dankbar für den herzlichen Empfang und die Unterstützung ihrer Gastfamilie. Sie fühlte sich nicht nur wie eine Sprachschülerin, sondern wie ein echtes Familienmitglied. Diese Erfahrung würde sie für immer in ihrem Herzen tragen.

Deutsch – Italienisch:	
1. **aufgeregt**	emozionato, -a
2. **Gastfamilie**	la famiglia ospitante
3. **Empfangen, begrüßen**	accogliere
4. **herzlich**	calorosamente
5. **Gastvater**	il padre ospitante
6. **Arm**	il braccio, le braccia
7. **Abendessen**	la cena, le cene
8. **köstlich**	delizioso, -a
9. **Redewendungen**	modi di dire
10. **Unterstützung**	il sostegno, i sostegni

GESCHICHTE 2

ITALIENISCH:

Visita a un caffè tradizionale italiano

Anna fu entusiasta dell'atmosfera che la circondava quando entrò nel piccolo caffè italiano. Nell'aria si sentiva il profumo dell'espresso appena fatto e dei dolci. Gli abitanti del posto erano seduti a un tavolo e chiacchieravano tra loro.

Anna si sedette al bancone e ordinò un cappuccino. Il simpatico barista, Alessio, preparò il caffè con un perfetto strato di schiuma. Mentre gustava il suo cappuccino, Anna osservava il colorato trambusto intorno a lei.

All'improvviso, sentì una melodia familiare. Un uomo anziano suonava la chitarra e cantava appassionatamente. Gli ospiti applaudivano al ritmo della musica e si univano al coro. Ad Anna sembrò di essere in un film.

Dopo aver finito il caffè, Anna decise di ordinare un pezzo di tiramisù dall'aspetto delizioso. La cameriera, Lucia, gliene portò un pezzo su un piatto ben decorato. Era paradisiaco. Anna chiuse gli occhi e si godette ogni boccone.

Uscendo dal bar, Anna sentì il calore dell'ospitalità italiana. D'ora in poi Anna avrebbe voluto viaggiare in Italia, anche solo per il caffè!

DEUTSCH:

Ein Besuch in einem traditionellen italienischen Café

Anna war begeistert von der Atmosphäre, die sie beim Betreten des kleinen italienischen Cafés umgab. Der Duft von frisch gebrühtem Espresso und süßen Gebäcksorten lag in der Luft. An einem Tisch saßen Einheimische und plauderten miteinander.

Anna setzte sich an die Theke und bestellte einen Cappuccino. Der freundliche Barista, Alessio, bereitete den Kaffee mit einer perfekten Schaumschicht zu. Während sie ihren Cappuccino genoss, beobachtete Anna das bunte Treiben um sich herum.

Plötzlich hörte sie eine vertraute Melodie. Ein älterer Mann spielte auf seiner Gitarre und sang leidenschaftlich. Die Gäste klatschten im Takt mit und stimmten sogar in den Refrain ein. Anna fühlte sich wie in einem Film.

Nachdem sie ihren Kaffee ausgetrunken hatte, entschied Anna, ein Stück des lecker aussehenden Tiramisus zu bestellen. Die Kellnerin, Lucia, brachte ihr ein Stück auf einem hübsch dekorierten Teller. Es war himmlisch. Anna schloss die Augen und genoss jeden Bissen.

Als sie das Café verließ, spürte Anna die Wärme der italienischen Gastfreundschaft. Von nun an reiste Anna gern nach Italien – sei es nur für den Kaffee!

Deutsch – Italienisch:

1.	**Atmosphäre**	l'atmosfera, le atmosfere
2.	**betreten**	entrare
3.	**Duft**	il profumo, i profumi
4.	**Espresso**	l'espresso, gli espressi
5.	**Schaumschicht**	strato di schiuma
6.	**plaudern**	chiacchierare
7.	**Barista**	il barista / la barista, i baristi / le bariste
8.	**Takt**	il ritmo, i ritmi
9.	**Refrain**	il ritornello, i ritornelli
10.	**Gastfreundschaft**	l'ospitalità

GESCHICHTE 3

ITALIENISCH:

Una gita alle storiche rovine di Pompei

Katharina e Markus erano entusiasti di partire per le storiche rovine di Pompei. Da anni sentivano parlare di questa antica città, sepolta da un'eruzione vulcanica.

Quando finalmente arrivarono, furono sopraffatti dalle dimensioni e dallo stato di conservazione delle rovine. Hanno camminato per le antiche strade, osservato i resti pietrificati degli edifici ed esplorato l'anfiteatro.

Durante la visita, hanno ascoltato attentamente una guida turistica che ha raccontato loro l'affascinante storia di Pompei. Hanno appreso com'era la vita qui e come si viveva all'epoca.

Sono rimasti particolarmente colpiti dalle pitture murali e dai mosaici ben conservati che si possono ancora ammirare in alcuni edifici. Catherine non riusciva a immaginare quanto vivace e colorata dovesse essere un tempo questa antica città.

Dopo aver esplorato a fondo le rovine, Katharina e Markus si sedettero in un caffè vicino per riposare. Erano impressionati da ciò che avevano visto e si sentivano gratificati per aver potuto conoscere il passato dell'Italia.

DEUTSCH:

Ein Ausflug zu den historischen Ruinen von Pompeji

Katharina und Markus waren aufgeregt, als sie sich auf den Weg zu den historischen Ruinen von Pompeji machten. Schon seit Jahren hatten sie von dieser antiken Stadt gehört, die durch einen Vulkanausbruch verschüttet wurde.

Als sie endlich ankamen, waren sie überwältigt von der Größe und dem Erhaltungszustand der Ruinen. Sie liefen durch die alten Straßen, betrachteten die versteinerten Überreste von Gebäuden und erkundeten das Amphitheater.

Während ihrer Tour hörten sie einem Reiseleiter aufmerksam zu, der ihnen die faszinierende Geschichte von Pompeji erzählte. Sie erfuhren, wie das Leben hier einst aussah und wie die Menschen damals gelebt hatten.

Besonders beeindruckt waren sie von den gut erhaltenen Wandmalereien und Mosaiken, die noch immer in einigen Gebäuden zu bewundern waren. Katharina konnte sich kaum vorstellen, wie lebendig und farbenfroh diese antike Stadt einst gewesen sein musste.

Nachdem sie die Ruinen ausgiebig erkundet hatten, setzten sich Katharina und Markus in ein nahegelegenes Café, um sich auszuruhen. Sie waren beeindruckt von dem, was sie gesehen hatten, und fühlten sich dankbar, einen Einblick in die Vergangenheit Italiens erhalten zu haben.

Deutsch – Italienisch:

1.	**aufgeregt**	emozionato, -a
2.	**historisch**	storico, -a
3.	**Ruine**	la rovina, le rovine
4.	**antik**	antico, -a
5.	**verschüttet**	sepolto, -a
6.	**Straße**	la strada, le strade
7.	**versteinert**	pietrificato, -a
8.	**Amphitheater**	l'anfiteatro, gli anfiteatri
9.	**Reiseleiter**	la guida turistica, le guide turistiche
10.	**Wandmalerei**	il dipinto murale, i dipinti murali

GESCHICHTE 4

ITALIENISCH:

Una passeggiata sul vivace lungomare di Napoli

Era una bella mattina quando Anna e Luca decisero di fare una passeggiata sul vivace lungomare di Napoli. Il lungomare si estendeva lungo la costa e offriva una vista mozzafiato sul mare azzurro.

Passeggiarono tranquillamente godendosi la brezza marina salata e ascoltando il rumore delle onde. Il lungomare era fiancheggiato da caffè, ristoranti e negozi di souvenir che li invitavano a soffermarsi.

Anna e Luca passarono davanti a un mercato dove erano esposte frutta e verdura fresche. Comprarono arance succose e mele croccanti e ne assaporarono il gusto fresco proprio in riva al mare.

In lontananza, potevano vedere il maestoso Vesuvio che sovrastava la città. La vista era semplicemente spettacolare. I due decisero di fermarsi in una piazzetta per mangiare la pizza che ha reso famosa Napoli.

Con la pancia piena e il cuore felice, continuarono la loro passeggiata, ammirando l'architettura colorata e il trambusto intorno a loro.

DEUTSCH:

Ein Spaziergang entlang der lebhaften Promenade von Neapel

Es war ein schöner Vormittag, an dem Anna und Luca beschlossen, einen Spaziergang entlang der lebhaften Promenade von Neapel zu machen. Die Promenade erstreckte sich entlang der Küste und bot einen atemberaubenden Blick auf das azurblaue Meer.

Sie flanierten gemütlich, während sie die salzige Meeresbrise genossen und das Rauschen der Wellen hörten. Die Promenade war gesäumt von Cafés, Restaurants und Souvenirläden, die zum Verweilen einluden.

Anna und Luca kamen an einem Markt vorbei, wo frisches Obst und Gemüse ausgestellt waren. Sie kauften sich saftige Orangen und knackige Äpfel und genossen den frischen Geschmack direkt am Meer.

In der Ferne konnten sie den majestätischen Vesuv sehen, der über der Stadt thronte. Die Aussicht war einfach spektakulär. Die beiden beschlossen, an einem kleinen Platz anzuhalten, um eine Pizza zu essen, die Neapel berühmt gemacht hat.

Mit vollem Bauch und glücklichen Herzen setzten sie ihren Spaziergang fort, wobei sie die bunte Architektur und das quirlige Treiben um sich herum bewunderten.

Deutsch – Italienisch:

1.	**sonnig**	soleggiato, -a
2.	**Spaziergang**	la passeggiata
3.	**lebhaft**	vivace
4.	**Strandpromenade**	il lungomare
5.	**Küste**	la costa, le coste
6.	**Meeresbrise**	la brezza marina
7.	**Rauschen**	il rumore, i rumori
8.	**Café**	il caffè, i caffè
9.	**Souvenirladen**	il negozio di souvenir, i negozi di souvenir
10.	**Pizza**	la pizza, le pizze

GESCHICHTE 5

ITALIENISCH:

Una gita in barca sul Lago di Como con una vista pittoresca

In una luminosa mattina, Laura decise di fare una gita in barca sul Lago di Como. Il lago era circondato da montagne maestose e colline verdi che incorniciavano l'acqua.

Salì sulla barca e trovò un posto comodo sul ponte. Quando la barca partì, sentì la brezza fresca sulla pelle e si godette il profumo del lago.

Durante il viaggio passò accanto a piccoli villaggi e a pittoreschi lungolaghi. Le case colorate si riflettevano nell'acqua limpida del lago. Laura non poté fare a meno di tirare fuori la macchina fotografica e scattare foto del panorama mozzafiato.

All'improvviso, apparve l'imponente villa di un famoso musicista, proprio sulla riva. Laura rimase colpita dall'eleganza e dallo splendore della proprietà.

Il viaggio in barca durò un po' e Laura ne approfittò per godersi l'atmosfera tranquilla del lago. Le dolci onde e la natura circostante avevano un effetto calmante su di lei.

Con molte nuove sensazioni, Laura tornò a riva nel pomeriggio. La gita in barca aveva magicamente arricchito la sua giornata.

DEUTSCH:

Eine Bootsfahrt auf dem Comer See mit malerischer Aussicht

An einem strahlenden Morgen entschied sich Laura, eine Bootsfahrt auf dem Comer See zu unternehmen. Der See war umgeben von majestätischen Bergen und grünen Hügeln, die das Wasser umrahmten.

Sie stieg auf das Boot und fand einen gemütlichen Platz an Deck. Als das Boot ablegte, konnte sie die frische Brise auf ihrer Haut spüren und genoss den Duft des Sees.

Während der Fahrt passierte sie kleine Dörfer und malerische Uferpromenaden. Die bunten Häuser spiegelten sich im klaren Wasser des Sees wider. Laura konnte nicht anders, als ihre Kamera herauszuholen und Fotos von der atemberaubenden Aussicht zu machen.

Plötzlich tauchte die imposante Villa eines berühmten Musikers auf, die direkt am Ufer stand. Laura war beeindruckt von der Eleganz und Pracht des Anwesens.

Die Bootsfahrt dauerte eine Weile, und Laura nutzte die Zeit, um die ruhige Atmosphäre des Sees zu genießen. Die sanften Wellen und die umgebende Natur hatten eine beruhigende Wirkung auf sie.

Mit vielen neuen Eindrücken kehrte Laura am Nachmittag ans Ufer zurück. Die Bootsfahrt hatte ihren Tag auf magische Weise bereichert.

Deutsch – Italienisch:

1.	**strahlend**	radioso, -a
2.	**Bootsfahrt**	il giro in barca
3.	**Comer See**	il Lago di Como
4.	**malerisch**	pittoresco, -a
5.	**Aussicht**	la vista
6.	**majestätisch**	maestoso, -a
7.	**grün**	verde
8.	**Hügel**	la collina, le colline
9.	**Wasser**	l’acqua, le acque
10.	**Deck**	il ponte, i ponti

GESCHICHTE 6

ITALIENISCH:

Un'avventura nel Colosseo di Roma

Laura provò un grande senso di stupore quando si trovò di fronte all'imponente Colosseo di Roma. Questo antico anfiteatro aveva una storia affascinante da raccontare.

Entrò e si trovò in un labirinto di corridoi e stanze. Le antiche pietre raccontavano storie di combattimenti tra gladiatori e antiche feste.

Mentre si aggirava per il Colosseo, riusciva a immaginare vividamente le folle di spettatori che un tempo applaudivano e facevano il tifo qui.

Dall'ultimo gradino, godeva di una vista mozzafiato sull'interno dell'anfiteatro e sulla città circostante. Era una vista sublime.

Laura stentava a credere di trovarsi in un luogo che racchiudeva così tanta storia e cultura. Le sembrava di aver viaggiato indietro nel tempo.

Lasciò il Colosseo con un sorriso, arricchita da questa avventura nel tempo.

DEUTSCH:

Ein Abenteuer im Kolosseum von Rom

Ein großes Erstaunen spürte Laura, als sie vor dem imposanten Kolosseum in Rom stand. Dieses antike Amphitheater hatte eine faszinierende Geschichte zu erzählen.

Sie trat ein und fand sich in einem Labyrinth von Gängen und Räumen wieder. Die alten Steine erzählten Geschichten von Gladiatorenkämpfen und antiken Festen.

Während sie durch das Kolosseum wanderte, konnte sie sich lebhaft vorstellen, wie die Zuschauermassen hier einst jubelten und mitfieberten.

Vom obersten Rang aus genoss sie einen atemberaubenden Blick auf das Innere des Amphitheaters und die umliegende Stadt. Es war ein erhabener Anblick.

Laura konnte kaum glauben, dass sie an einem Ort stand, der so viel Geschichte und Kultur in sich trug. Sie fühlte sich, als ob sie in die Vergangenheit zurückgereist wäre.

Mit einem Lächeln verließ sie das Kolosseum, bereichert durch dieses Abenteuer in der Zeit.

Deutsch – Italienisch:

1.	**aufgeregt**	emozionato, -a
2.	**imposant**	imponente
3.	**Kolosseum**	il Colosseo
4.	**antik**	antico, -a
5.	**Amphitheater**	l'anfiteatro, gli anfiteatri
6.	**Geschichte**	la storia, le storie
7.	**Gladiatorenkämpfe**	i combattimenti tra gladiatori
8.	**Zuschauermassen**	la masse di spettatori
9.	**inner**	interno, -a
10.	**Vergangenheit**	il passato

GESCHICHTE 7

ITALIENISCH:

Una gita di un giorno alle coloratissime Isole di Burano

Laura era entusiasta quando è arrivata nelle colorate isole di Burano, al largo di Venezia, in una mattina di sole. Le case dai colori vivaci lungo le vie d'acqua emanavano un'atmosfera speciale.

Ha passeggiato per le strette vie e ha ammirato i prodotti artigianali tipici di queste isole. La gente del posto l'ha accolta calorosamente e le ha raccontato con orgoglio la storia delle isole.

Laura si sedette in un caffè tradizionale per gustare una prelibatezza locale. Nel frattempo, si è goduta la vista pittoresca dei canali e il paesaggio colorato.

Nel pomeriggio ha partecipato a un laboratorio per imparare l'arte del merletto. È rimasta colpita dalla pazienza dell'insegnante.

Con tante nuove sensazioni e ricordi, Laura ha infine lasciato le Isole di Burano ed è tornata a Venezia.

DEUTSCH:

Ein Tagesausflug zu den farbenfrohen Burano-Inseln

Laura war begeistert, als sie an einem sonnigen Morgen auf den farbenfrohen Burano-Inseln vor Venedig ankam. Die lebhaften, bunten Häuser entlang der Wasserwege strahlten eine besondere Atmosphäre aus.

Sie spazierte durch die engen Gassen und bewunderte die handgefertigten Spitzenprodukte, die typisch für diese Inseln waren. Die freundlichen Einheimischen begrüßten sie herzlich und erzählten stolz von der Geschichte der Inseln.

Laura setzte sich in ein traditionelles Café, um eine lokale Köstlichkeit zu genießen. Dabei genoss sie die malerische Aussicht auf die Kanäle und die bunte Kulisse.

Am Nachmittag nahm sie an einem Workshop teil, bei dem sie die Kunst des Spitzenklöppelns erlernte. Die Geduld der Lehrerin beeindruckte sie.

Mit vielen neuen Eindrücken und Erinnerungen verließ Laura schließlich die Burano-Inseln und kehrte nach Venedig zurück.

Deutsch – Italienisch:

1.	**sonnig**	soleggiato, -a
2.	**Burano-Inseln**	le isole di Burano
3.	**farbenfroh**	dai colori vivaci
4.	**Wasserwege**	le vie d'acqua
5.	**Gasse**	il vicolo, i vicoli
6.	**handgefertigt**	fatto a mano
7.	**Spitzenprodukt**	il prodotto di pizzo
8.	**Einheimische**	gli abitanti del posto
9.	**traditionelles Café**	il tradizionale caffè
10.	**malerische Aussicht**	la vista pittoresca

GESCHICHTE 8

ITALIENISCH:

Un'escursione tra gli idilliaci vigneti della Toscana

La mattina sorgeva in Toscana e il sole splendeva già caldo dal cielo. Laura decise di fare un'escursione tra i pittoreschi vigneti che rendevano famosa la regione.

Camminò lungo stretti sentieri tra le viti rigogliose che hanno reso famosa la regione. La vista sulle colline ondulate e sui vigneti estesi era mozzafiato.

Lungo il percorso ha incontrato persone amichevoli che lavoravano alla vendemmia. Chiacchierando con loro ha imparato molto sulla produzione del vino e sulle orgogliose tradizioni della Toscana.

In mezzo ai vigneti, Laura ha trovato un posto accogliente per un picnic. Ha gustato un delizioso pasto a base di specialità locali e un bicchiere di ottimo vino toscano.

Il profumo della terra e delle viti la circondava mentre si rilassava nella pace della natura. Sembrava che il tempo si fosse fermato in questi pittoreschi vigneti.

Con un nuovo apprezzamento per la bellezza della campagna toscana e della sua cultura, Laura è tornata arricchita da questa passeggiata idilliaca.

DEUTSCH:

Eine Wanderung durch die idyllischen Weinberge der Toskana

Der Morgen in der Toskana brach an und die Sonne schien bereits warm vom Himmel. Laura entschied sich für eine Wanderung durch die malerischen Weinberge, die die Region berühmt machten.

Sie wanderte auf schmalen Pfaden zwischen den üppigen Reben, die schwere Trauben trugen. Die Aussicht auf die sanften Hügel und die weitläufigen Weinberge war atemberaubend.

Unterwegs traf sie auf freundliche Einheimische, die an der Weinlese arbeiteten. Sie unterhielt sich mit ihnen und lernte viel über die Weinherstellung und die stolze Tradition der Toskana.

Inmitten der Weinberge fand Laura einen gemütlichen Platz für ein Picknick. Sie genoss ein köstliches Mahl aus lokalen Spezialitäten und einem Glas hervorragenden toskanischen Wein.

Der Duft der Erde und der Reben umgab sie, während sie in der Ruhe der Natur entspannte. Es fühlte sich an, als ob die Zeit in diesen malerischen Weinbergen stehen geblieben wäre.

Mit einer neuen Wertschätzung für die Schönheit der toskanischen Landschaft und ihrer Kultur kehrte Laura zurück, bereichert durch diese idyllische Wanderung.

Deutsch – Italienisch:

1.	**Wanderung**	l'escursione, le escursioni
2.	**idyllische Weinberge**	gli idilliaci vigneti
3.	**Morgen**	la mattina, le mattine
4.	**Sonne**	il sole
5.	**scheinen**	splendere
6.	**Himmel**	il cielo
7.	**Pfad**	il sentiero, i sentieri
8.	**üppige Reben**	le rigogliose viti
9.	**schwere Trauben**	i grappoli pesanti
10.	**sanfte Hügel**	le dolci colline

GESCHICHTE 9

ITALIENISCH:

L'incontro con un venditore entusiasta del mercato

Anna passeggiava curiosa tra le colorate bancarelle del mercato di Firenze. Fu accolta da un simpatico venditore che pubblicizzava con passione i suoi prodotti freschi.

"Buongiorno! Assaggi questi pomodori succosi!", gridò entusiasta e porse ad Anna una piccola degustazione. I pomodori erano deliziosi, maturati al sole e pieni di sapore.

Il venditore parlò ad Anna degli agricoltori locali che coltivavano questi prodotti con dedizione. Lodò la qualità degli ingredienti freschi e spiegò quanto fosse importante gustare i veri sapori italiani.

Anna è rimasta colpita dal suo entusiasmo e ha acquistato pomodori, formaggio e olio d'oliva. Il venditore ha incartato amorevolmente i suoi acquisti e le ha augurato una buona giornata.

Probabilmente Anna visiterà questo mercato più spesso. Gli aromi dei cibi acquistati l'hanno affascinata.

DEUTSCH:

Eine Begegnung mit einem begeisterten Marktverkäufer

Anna schlenderte neugierig über den bunten Marktstand in Florenz. Sie wurde von einem freundlichen Verkäufer begrüßt, der seine frischen Produkte mit Leidenschaft anpries.

«Buongiorno! Probieren Sie diese saftigen Tomaten», rief er begeistert und reichte Anna eine kleine Kostprobe. Die Tomaten waren köstlich – sonnengereift und voller Geschmack.

Der Verkäufer erzählte Anna von den lokalen Bauern, die diese Produkte mit Hingabe anbauten. Er pries die Qualität der frischen Zutaten an und erklärte, wie wichtig es sei, echte italienische Aromen zu genießen.

Anna war beeindruckt von seiner Begeisterung und kaufte einige Tomaten, Käse und Olivenöl. Der Verkäufer packte ihre Einkäufe liebevoll ein und wünschte ihr einen schönen Tag.

Diesen Markt wird Anna wohl noch öfter besuchen. Die Aromen der gekauften Lebensmittel faszinierten sie.

Deutsch – Italienisch:

1.	**schlendern**	passeggiare
2.	**bunt**	colorato, -a
3.	**Marktstand**	il banco, i banchi
4.	**begrüßen**	accogliere
5.	**preisen**	promuovere
6.	**saftig**	succoso, -a
7.	**rufen**	esclamare
8.	**Kostprobe**	la degustazione, le degustazioni
9.	**Bauer**	il contadino / la contadina
10.	**echte Aromen**	gli autentici aromi

GESCHICHTE 10

ITALIENISCH:

Un tour alla scoperta della Firenze storica

Anna e Luca hanno passeggiato per le strade acciottolate di Firenze. La città storica era ricca di edifici e monumenti imponenti.

Hanno visitato l'imponente Cattedrale di Santa Maria del Fiore e si sono meravigliati degli affreschi decorati. Il Duomo era davvero mozzafiato.

Poi si sono recati all'imponente Ponte Vecchio, un antico ponte sull'Arno. Le numerose gioiellerie sul ponte brillavano al sole.

Nei vicoli si sono imbattuti in affascinanti caffè e boutique. Assaggiarono un gelato tradizionale e continuarono a passeggiare per le stradine.

La storia e la cultura di Firenze li affascinavano. Ogni angolo di questa città sembrava raccontare una nuova storia.

DEUTSCH:

Eine Entdeckungstour durch das historische Florenz

Anna und Luca schlenderten durch die gepflasterten Straßen von Florenz. Die historische Stadt war voller beeindruckender Gebäude und Denkmäler.

Sie besuchten die imposante Kathedrale Santa Maria del Fiore und bestaunten die kunstvollen Fresken. Der Duomo war wirklich atemberaubend.

Dann gingen sie zur beeindruckenden Ponte Vecchio, einer alten Brücke über dem Arno. Die vielen Schmuckgeschäfte auf der Brücke leuchteten in der Sonne.

In den Gassen stießen sie auf charmante Cafés und Boutiquen. Sie probierten ein traditionelles Gelato und schlenderten weiter durch die engen Gassen.

Die Geschichte und Kultur von Florenz faszinierten sie. Jede Ecke dieser Stadt schien eine neue Geschichte zu erzählen.

Deutsch – Italienisch:

1.	**schlendern**	passeggiare
2.	**gepflastert**	lastricato, -a
3.	**Denkmal**	il monumento, i monumenti
4.	**atemberaubend**	mozzafiato
5.	**Dom**	il Duomo
6.	**Brücke**	il ponte, i ponti
7.	**Schmuckgeschäft**	il negozio di gioielli, i negozi di gioielli
8.	**Gasse**	la stradina, le stradine
9.	**traditionell**	tradizionale
10.	**Ecke**	l'angolo, gli angoli

GESCHICHTE 11

ITALIENISCH:

Un picnic in un profumato campo di lavanda in Provenza

In una giornata di sole, Laura decise di fare un'esperienza speciale: un picnic in un pittoresco campo di lavanda nella regione francese della Provenza. A poche ore dalla sua casa italiana, si è ritrovata in mezzo a un campo.

Ha steso una coperta colorata e ha preparato delle delizie: formaggio francese, baguette fresca e uva succosa.

Il profumo di lavanda aleggiava nell'aria, mentre lei si godeva la magnifica vista dei fiori viola.

Gli uccelli cinguettavano felici mentre Laura si rilassava nell'idillio del campo di lavanda, godendosi la pace e la tranquillità.

A ogni morso si sentiva più vicina alla natura e alla bellezza della Provenza.

Laura sapeva che quella sarebbe stata una giornata indimenticabile che le sarebbe rimasta impressa per molto tempo.

DEUTSCH:

Ein Picknick in einem duftenden Lavendelfeld in der Provence

An einem sonnigen Tag entschied sich Laura für ein besonderes Erlebnis: ein Picknick in einem malerischen Lavendelfeld in der Provence von Frankreich. Nur einige Stunden von ihrem italienischen Wohnort entfernt, fand sie sich inmitten eines Feldes.

Sie breitete eine bunte Decke aus und packte köstliche Leckereien aus: französischen Käse, frisches Baguette und saftige Trauben.

Der Duft von Lavendel lag in der Luft, während sie die herrliche Aussicht auf die violetten Blüten genoss.

Vögel zwitscherten fröhlich, während Laura in der Idylle des Lavendelfeldes entspannte und die Ruhe genoss.

Mit jedem Bissen fühlte sie sich näher an die Natur und die Schönheit der Provence verbunden.

Laura wusste, dass dies ein unvergesslicher Tag sein würde, der sie noch lange begleiten würde.

Deutsch – Italienisch:

1.	**sonnig**	soleggiato, -a
2.	**besonders**	speciale
3.	**malerisch**	pittoresco, -a
4.	**Decke**	la coperta, le coperte
5.	**französisch**	francese
6.	**frisch**	fresco, -a
7.	**Duft**	il profumo, i profumi
8.	**Lavendelfeld**	il campo di lavanda
9.	**violett**	viola
10.	**sich entspannen**	rilassarsi

GESCHICHTE 12

ITALIENISCH:

Visita a un laboratorio di artigianato tradizionale italiano

Anna era curiosa quando ha aperto la porta di un piccolo laboratorio artigianale italiano. Qui si lavorava ancora in modo tradizionale.

Entrò nella stanza e vide gli artigiani al lavoro. Uno di loro stava dipingendo elaborate piastrelle di ceramica. I colori brillavano in tutte le sfumature.

Anna guardò affascinata mentre gli artigiani lavoravano con abilità e dedizione. Era impressionante vedere come si potessero creare cose così belle da materiali semplici.

Il proprietario dell'azienda le si avvicinò e cominciò a raccontarle con orgoglio la lunga tradizione di famiglia. Le spiegò che ogni pezzo era fatto a mano con cura e che i disegni erano spesso ispirati alla storia della regione.

Anna si è sentita onorata di conoscere questa tradizione artigianale. Se n'è andata con una nuova consapevolezza dell'importanza del lavoro manuale e della tradizione.

DEUTSCH:

Ein Besuch in einem traditionellen italienischen Handwerksbetrieb

Anna war neugierig, als sie die Tür eines kleinen italienischen Handwerksbetriebs öffnete. Hier wurde noch auf traditionelle Weise gearbeitet.

Sie betrat den Raum und sah die Handwerker bei der Arbeit. Einer von ihnen war gerade dabei, kunstvolle Keramikfliesen zu bemalen. Die Farben leuchteten in allen Schattierungen.

Anna beobachtete fasziniert, wie die Handwerker mit Geschick und Hingabe arbeiteten. Es war beeindruckend zu sehen, wie aus einfachen Materialien so schöne Dinge entstehen konnten.

Der Besitzer des Betriebs kam auf sie zu und begann stolz von der langen Familientradition zu erzählen. Er erklärte, wie jedes Stück sorgfältig von Hand gefertigt wurde und die Designs oft von der Geschichte der Region inspiriert waren.

Anna fühlte sich geehrt, einen Einblick in diese traditionelle Handwerkskunst zu bekommen. Sie verließ den Betrieb mit einem neuen Verständnis für die Bedeutung von Handarbeit und Tradition.

Deutsch – Italienisch:

1.	**neugierig**	curioso, -a
2.	**klein**	piccolo, -a
3.	**Handwerksbetrieb**	azienda artigianale, aziende artigianali
4.	**betreten**	entrare
5.	**Handwerker**	l’artigiano / l’artigiana
6.	**kunstvoll**	artistico, -a
7.	**Farbe**	il colore, i colori
8.	**sorgfältig**	attentamente
9.	**Familientradition**	la tradizione familiare, le tradizioni familiari
10.	**Bedeutung**	l’importanza

GESCHICHTE 13

ITALIENISCH:

Una degustazione di olio d'oliva appena raccolto in Umbria

Anna e Luca erano entusiasti quando sono arrivati in Umbria per partecipare a una degustazione di olio d'oliva. Sono stati accolti da un simpatico padrone di casa che ha spiegato il processo di produzione dell'olio d'oliva.

Hanno visitato gli uliveti dove gli alberi erano carichi di olive mature. L'aria era piena del profumo delle olive fresche.

Nel frantoio hanno osservato come le olive venivano spremute per ottenere un olio profumato. Il padrone di casa ha spiegato i diversi sapori e le qualità dell'olio d'oliva.

Infine, hanno potuto assaggiare l'olio d'oliva appena spremuto. Il sapore era intenso e corposo e potevano letteralmente assaporare la freschezza del raccolto.

Anna e Luca sono rimasti entusiasti di questa esperienza autentica e ora sanno molto di più sull'arte della produzione dell'olio d'oliva.

DEUTSCH:

Eine Verkostung von frisch geerntetem Olivenöl in Umbrien

Anna und Luca waren aufgeregt, als sie in Umbrien ankamen, um an einer Olivenöl-Verkostung teilzunehmen. Sie wurden von einem freundlichen Gastgeber empfangen, der ihnen den Prozess der Olivenölherstellung erklärte.

Sie besuchten die Olivenhaine, wo die Bäume schwer von den reifen Oliven hingen. Die Luft war erfüllt vom Duft der frischen Oliven.

In der Mühle sahen sie zu, wie die Oliven zu duftendem Öl gepresst wurden. Der Gastgeber erklärte die verschiedenen Geschmacksnuancen und Qualitäten des Olivenöls.

Schließlich durften sie das frisch gepresste Olivenöl probieren. Der Geschmack war intensiv und vollmundig, und sie konnten die Frische der Ernte förmlich schmecken.

Anna und Luca waren begeistert von dieser authentischen Erfahrung und wussten nun viel mehr über die Kunst der Olivenölherstellung.

Deutsch – Italienisch:

1.	**Verkostung**	la degustazione, le degustazioni
2.	**frisch geerntet**	appena raccolto
3.	**Olivenöl**	l'olio d'oliva
4.	**Umbrien**	Umbria
5.	**ankommen**	arrivare
6.	**Gastgeber**	l'ospite, gli ospiti
7.	**Olivenhain**	l'uliveto, gli uliveti
8.	**Duft**	il profumo, i profumi
9.	**gepresst**	pressato, -a
10.	**Geschmacksnuancen**	le sfumature di sapore

GESCHICHTE 14

ITALIENISCH:

Una giornata di divertimento nel parco acquatico più grande d'Italia

Il sole splendeva dal cielo azzurro quando Laura e i suoi amici hanno varcato l'ingresso del parco acquatico più grande d'Italia. Gli scivoli colorati, le piscine e i giochi d'acqua promettevano una giornata all'insegna dell'avventura e del divertimento.

Laura era particolarmente eccitata all'idea di sfrecciare giù per il ripido scivolo d'acqua. Con un urlo, scivolò giù per le curve e atterrò con uno schizzo nell'acqua fresca.

Dopo averne avuto abbastanza degli scivoli veloci, hanno optato per un giro tranquillo nel Lazy River. Si lasciarono andare sui galleggianti e si godettero la dolce corrente dell'acqua.

Il parco acquatico era pieno di persone che si divertivano, sguazzavano e ridevano. I suoni delle risate felici e degli schizzi d'acqua riempivano l'aria.

Più tardi si sdraiarono sulle sedie a sdraio e si godettero il sole caldo. Laura sorseggiava una bevanda rinfrescante e guardava le nuvole passare lentamente nel cielo.

La giornata è volata via, piena di gioia, risate e ricordi indimenticabili.

DEUTSCH:

Ein Tag voller Spaß im größten Wasserpark Italiens

Die Sonne strahlte vom blauen Himmel herab, als Laura und ihre Freunde den Eingang zum größten Wasserpark Italiens betraten. Die bunten Rutschen, Pools und Wasserspiele versprachen einen Tag voller Abenteuer und Erfrischung.

Laura war besonders aufgeregt, die steile Wasserrutsche hinunterzusausen. Mit einem Schrei rutschte sie die Kurven hinunter und landete mit einem Platschen im kühlen Wasser.

Nachdem sie genug von den rasanten Rutschen hatten, entschieden sie sich für eine gemütliche Fahrt im Lazy River. Sie ließen sich in Schwimmreifen treiben und genossen die sanfte Strömung des Wassers.

Der Wasserpark war voller Menschen, die sich amüsierten, plantschten und lachten. Die Geräusche von fröhlichem Gelächter und spritzendem Wasser füllten die Luft.

Später legten sie sich auf die Liegestühle und genossen die warme Sonne. Laura nippte an einem erfrischenden Getränk und beobachtete die Wolken, die langsam am Himmel vorbeizogen.

Der Tag verging wie im Flug, gefüllt mit Freude, Gelächter und unvergesslichen Erinnerungen.

Deutsch – Italienisch:

1.	**Sonne**	il sole
2.	**Himmel**	il cielo
3.	**eintreten**	entrare
4.	**Wasserpark**	il parco acquatico, i parchi acquatici
5.	**Rutschen**	gli scivoli
6.	**Pools**	le piscine
7.	**Wasserspiele**	i giochi d'acqua
8.	**Wasser**	l'acqua
9.	**Spaß**	il divertimento, i divertimenti

GESCHICHTE 15

ITALIENISCH:

Un avventuroso giro in funicolare sul Vesuvio

In una mattina limpida, Laura è partita alla volta del Vesuvio, il famoso vulcano vicino a Napoli. Aveva sentito dire che si poteva salire in funicolare fino alla cima per godere di una vista mozzafiato.

Quando si sedette nella cabina della funicolare, provò un senso di eccitazione. La funicolare iniziò a salire lentamente lungo il ripido pendio. Durante il viaggio, poté ammirare il paesaggio che la circondava.

In cima, fu sopraffatta dal panorama. Poteva vedere la vastità del mare, la città di Napoli e le colline circostanti. Riuscì persino a scorgere l'isola di Capri in lontananza.

Laura vagò per un po' sulla cima, godendosi l'aria fresca e la vista spettacolare. Le sembrava di vivere un'avventura molto speciale.

Dopo un po' di tempo, è scesa con la funicolare, con molte sensazioni indimenticabili nel suo bagaglio.

DEUTSCH:

Eine abenteuerliche Fahrt mit der Standseilbahn auf den Vesuv

An einem klaren Morgen machte sich Laura auf den Weg zum Vesuv, dem berühmten Vulkan in der Nähe von Neapel. Sie hatte gehört, dass man mit einer Standseilbahn auf den Gipfel fahren konnte, um die atemberaubende Aussicht zu genießen.

Als sie in der Kabine der Standseilbahn saß, spürte sie eine gewisse Aufregung. Die Bahn begann langsam den steilen Hang hinaufzufahren. Während der Fahrt konnte sie die Landschaft um sich herum bewundern.

Oben angekommen, war sie überwältigt von der Aussicht. Sie konnte das weite Meer, die Stadt Neapel und die umliegenden Hügel sehen. In der Ferne konnte sie sogar die Insel Capri erkennen.

Laura wanderte ein wenig auf dem Gipfel herum und genoss die frische Luft und die spektakuläre Aussicht. Sie fühlte sich, als ob sie auf einem ganz besonderen Abenteuer war.

Nach einer Weile fuhr sie mit der Standseilbahn wieder hinunter, mit vielen unvergesslichen Eindrücken im Gepäck.

Deutsch – Italienisch:

1.	**Morgen**	la mattina, le mattine
2.	**Aussicht**	la vista
3.	**Kabine**	la cabina, le cabine
4.	**Anstieg**	la salita, le salite
5.	**Landschaft**	il paesaggio, i paesaggi
6.	**Gipfel**	la cima, le cime
7.	**Meer**	il mare
8.	**Stadt**	la città, le città
9.	**die Hügel**	le colline
10.	**Insel**	l'isola

GESCHICHTE 16

ITALIENISCH:

Un concerto di musica tradizionale italiana in piazza

In una calda sera d'estate, Laura camminava per le strette vie di una pittoresca cittadina italiana. La piazza di fronte a lei era estremamente affollata, mentre si dirigeva lentamente verso la musica che aleggiava nell'aria. Si stava svolgendo un concerto tradizionale di musica italiana.

Il palco era decorato e i musicisti suonavano con passione. I suoni della chitarra, della fisarmonica e del violino si fondevano in un insieme armonioso. Il pubblico, seduto sulle sedie o in piedi in piccoli gruppi, ballava e si godeva la musica.

Laura non poteva sottrarsi al ritmo inebriante. Si è lasciata sedurre dalla musica e ha ballato con la gente del posto. L'energia e la gioia erano contagiose e sembrava che l'intera piazza si muovesse.

Alla fine del concerto, il pubblico ha applaudito con entusiasmo. Laura era grata per questa esperienza autentica che le aveva permesso di conoscere la ricca tradizione musicale italiana.

DEUTSCH:

Ein Konzert mit traditioneller italienischer Musik in einer Piazza

An einem warmen Sommerabend spazierte Laura durch die engen Gassen einer malerischen italienischen Stadt. Die Piazza vor ihr war äußerst belebt, als sie sich langsam auf die Musik zubewegte, die in der Luft schwebte. Ein traditionelles Konzert mit italienischer Musik fand dort statt.

Die Bühne war geschmückt und die Musiker spielten mit Leidenschaft. Die Klänge der Gitarre, des Akkordeons und der Geige vermischten sich zu einem harmonischen Ganzen. Die Zuschauer saßen auf Stühlen oder standen in kleinen Gruppen, tanzten und genossen die Musik.

Laura konnte sich dem mitreißenden Rhythmus nicht entziehen. Sie ließ sich von der Musik verführen und tanzte mit den Einheimischen. Die Energie und Freude waren ansteckend, und es fühlte sich an, als würde die ganze Piazza in Bewegung geraten.

Als das Konzert zu Ende ging, applaudierte das Publikum begeistert. Laura war dankbar für diese authentische Erfahrung, die ihr einen Einblick in die reiche Musiktradition Italiens gegeben hatte.

Deutsch – Italienisch:

1.	**Konzert**	il concerto, i concerti
2.	**Musik**	la musica, le musiche
3.	**Plazu**	la piazza, le piazze
4.	**Bühne**	il palco, i palchi
5.	**Musiker**	il musicista, i musicisti
6.	**Instrument**	lo strumento, gli strumenti
7.	**Rhythmus**	il ritmo
8.	**Publikum**	il pubblico
9.	**Tanz**	il ballo, i balli
10.	**Erfahrung**	l'esperienza, le esperienze

GESCHICHTE 17

ITALIENISCH:

Una passeggiata lungo le antiche mura di Lucca

In una giornata di sole, Laura ha fatto una passeggiata lungo le antiche mura di Lucca. Le mura circondavano il centro storico e offrivano una vista mozzafiato sull'area circostante.

Seguì il sentiero lastricato che si snodava lungo le mura. Dall'alto, poteva osservare gli incantevoli edifici, le strette strade e il trambusto dei cittadini.

Lungo il percorso, scoprì punti panoramici pittoreschi dove si fermò ad ammirare la bellezza del paesaggio. Il sole caldo sulla pelle e il profumo dei fiori hanno reso la passeggiata un'esperienza indimenticabile.

È stato un viaggio nella storia, mentre toccava i resti delle vecchie mura e immaginava come doveva essere la vita qui un tempo.

Laura è tornata dalla sua passeggiata con un sorriso soddisfatto, piena di storia e della magia di questa speciale cinta muraria.

DEUTSCH:

Ein Spaziergang entlang der antiken Stadtmauer von Lucca

An einem sonnigen Tag begab sich Laura auf einen Spaziergang entlang der antiken Stadtmauer von Lucca. Die Mauer umgab die historische Altstadt und bot einen atemberaubenden Blick auf die Umgebung.

Sie folgte dem gepflasterten Weg, der sich entlang der Mauer schlängelte. Von oben konnte sie die charmanten Gebäude, engen Gassen und das Treiben der Stadtbewohner beobachten.

Unterwegs entdeckte sie malerische Aussichtspunkte, an denen sie innehielt, um die Schönheit der Landschaft zu bewundern. Die warme Sonne auf ihrer Haut und der Duft von Blumen machten den Spaziergang zu einem unvergesslichen Erlebnis.

Es war eine Reise durch die Geschichte, während sie die alten Mauerreste berührte und sich vorstellte, wie das Leben hier einst gewesen sein musste.

Mit einem zufriedenen Lächeln kehrte Laura von ihrem Spaziergang zurück, erfüllt von der Geschichte und dem Zauber dieser besonderen Stadtmauer.

Deutsch – Italienisch:

1.	**Spaziergang**	la passeggiata, le passeggiate
2.	**antike Stadtmauer**	l'antica cinta muraria
3.	**Blick**	la vista
4.	**Gepflasterter Weg**	il sentiero lastricato, i sentieri lastricati
5.	**Aussichtspunkt**	il punto panoramico, i punti panoramici
6.	**Landschaft**	il paesaggio, i paesaggi
7.	**Mauerreste**	i resti delle mura
8.	**Zauber**	l'incanto
9.	**Stadtteil**	il quartiere, i quartieri
10.	**Altstadt**	il centro storico

GESCHICHTE 18

ITALIENISCH:

Visita esplorativa dell'imponente Castello Aragonese

Anna era piena di aspettative quando raggiunse il maestoso Castello Aragonese. Questo imponente castello è arroccato su una roccia e offre una vista mozzafiato sul mare.

Entrò nel castello e si trovò in un labirinto di corridoi, cortili e torri. Le vecchie mura raccontavano storie di tempi passati.

Mentre esplorava il castello, riusciva a immaginare come cavalieri e re vivevano e governavano un tempo in queste stanze.

Dalla torre più alta, si godette la vista pittoresca della campagna circostante. Era un panorama davvero impressionante.

Anna stentava a credere di trovarsi in un luogo che racchiudeva così tanta storia e splendore. Le sembrava di aver viaggiato in un'altra epoca.

Con un sorriso soddisfatto, lasciò il castello, arricchita da questo viaggio esplorativo nel tempo.

DEUTSCH:

Eine Erkundungstour durch das beeindruckende Castello Aragonese

Anna war voller Vorfreude, als sie das majestätische Castello Aragonese erreichte. Dieses imposante Schloss thronte auf einem Felsen und bot einen atemberaubenden Blick auf das Meer.

Sie betrat das Schloss und fand sich in einem Labyrinth von Gängen, Innenhöfen und Türmen wieder. Die alten Gemäuer erzählten Geschichten von vergangenen Zeiten.

Während sie das Castello erkundete, konnte sie sich lebhaft vorstellen, wie einst Ritter und Könige in diesen Räumen lebten und regierten.

Vom höchsten Turm aus genoss sie die malerische Aussicht auf die umliegende Landschaft. Es war ein wahrhaft beeindruckendes Panorama.

Anna konnte kaum fassen, dass sie an einem Ort stand, der so viel Geschichte und Pracht in sich trug. Sie fühlte sich, als ob sie in eine andere Ära gereist wäre.

Mit einem zufriedenen Lächeln verließ sie das Castello, bereichert durch diese Erkundungstour durch die Zeit.

Deutsch – Italienisch:

1.	**Schloss**	il castello, i castelli
2.	**Felsen**	la roccia
3.	**Blick**	la vista
4.	**Meer**	il mare
5.	**Labyrinth**	il labirinto, i labirinti
6.	**Innenhof**	il cortile, i cortili
7.	**die Gemäuer**	le vecchie murature
8.	**Turm**	la torre, le torri
9.	**Pracht**	la magnificenza
10.	**Ära**	l'epoca, le epoche

GESCHICHTE 19

ITALIENISCH:

Un corso di cucina per la preparazione di una pasta autentica

Anna era entusiasta quando si è iscritta a un corso di cucina in una tradizionale cucina italiana. Oggi era in programma la preparazione della pasta.

La cuoca le spiegò pazientemente le diverse fasi di preparazione della pasta fresca. Anna ha seguito attentamente le istruzioni e ha iniziato a impastare e stendere la pasta.

Ha poi imparato a dare forma a diversi tipi di pasta, dalle tagliatelle ai ravioli. La cucina si è riempita di profumi deliziosi mentre la pasta veniva cotta.

Al termine del lavoro, tutti i partecipanti al corso si sono seduti a un grande tavolo e hanno gustato la pasta fatta in casa. È stato un momento speciale per assaggiare i frutti del loro lavoro.

Anna era orgogliosa delle sue nuove abilità culinarie e non vedeva l'ora di preparare questi piatti a casa.

DEUTSCH:

Ein Kochkurs für die Zubereitung von authentischer Pasta

Anna war begeistert, als sie sich für einen Kochkurs in einer traditionellen italienischen Küche einschrieb. Heute stand die Zubereitung von Pasta auf dem Programm.

Die Küchenchefin erklärte geduldig die verschiedenen Schritte zur Herstellung von frischem Teig. Anna folgte aufmerksam den Anweisungen und begann, den Teig zu kneten und auszurollen.

Anschließend lernte sie, wie man verschiedene Pasta Sorten formt – von Tagliatelle bis zu Ravioli. Die Küche war erfüllt von köstlichen Düften, während die Pasta gekocht wurde.

Nach getaner Arbeit setzten sich alle Kursteilnehmer an einen großen Tisch und genossen die selbstgemachte Pasta. Es war ein besonderer Moment, die Früchte ihrer Arbeit zu kosten.

Anna war stolz auf ihre neu erworbenen Kochkünste und freute sich darauf, diese Gerichte auch zu Hause zuzubereiten.

Deutsch – Italienisch:

1.	**Kochkurs**	il corso di cucina, i corsi di cucina
2.	**Pasta**	la pasta
3.	**Küchenchef, Küchenchefin**	il cuoco, la cuoca i cuochi, le cuoche
4.	**Teig**	l'impasto, gli impasti
5.	**kneten**	impastare
6.	**ausrollen**	stendere
7.	**Pastasorte**	il tipo di pasta
8.	**Tagliatelle**	le tagliatelle
9.	**Ravioli**	i ravioli
10.	**Tisch**	il tavolo, i tavoli

GESCHICHTE 20

ITALIENISCH:

Un viaggio nei misteriosi Trulli in Puglia

Emozionata, Laura partì per un viaggio verso le affascinanti case chiamate Trulli in Puglia. Queste case rotonde uniche con tetti conici avevano una storia speciale da raccontare.

Vagando per le strette vie del villaggio dei trulli, Laura ha potuto letteralmente percepire l'atmosfera antica. Le piccole finestre e le porte strette trasmettevano un'atmosfera misteriosa.

Laura era affascinata dall'architettura di questi straordinari edifici. Gli spessi muri in pietra dei trulli mantenevano un piacevole fresco in estate e un confortevole caldo in inverno.

In uno dei trulli, Laura poté ammirare l'arredamento interno, rustico ma accogliente. Poteva immaginare come si viveva in passato in queste case insolite.

Dal punto più alto del villaggio, ha goduto di una vista mozzafiato sulla campagna pugliese circostante. È stato un momento magico.

Laura ha lasciato il villaggio dei trulli con un senso di ammirazione per queste case uniche e per la storia che raccontano.

DEUTSCH:

Ein Ausflug zu den geheimnisvollen Trulli-Häusern in Apulien

Aufgeregt begab sich Laura auf einen Ausflug zu den faszinierenden Trulli-Häusern in Apulien. Diese einzigartigen Rundhäuser mit kegelförmigen Dächern hatten eine besondere Geschichte zu erzählen.

Sie wanderte durch die engen Gassen des Trulli-Dorfes und konnte die antike Atmosphäre förmlich spüren. Die kleinen Fenster und schmalen Türen vermittelten eine mysteriöse Stimmung.

Laura war fasziniert von der Architektur dieser außergewöhnlichen Gebäude. Die dicken Steinwände der Trulli-Häuser hielten im Sommer angenehm kühl und im Winter wohlig warm.

In einem der Trulli-Häuser konnte Laura die Inneneinrichtung bewundern, die rustikal und dennoch gemütlich war. Sie konnte sich gut vorstellen, wie die Menschen früher in diesen ungewöhnlichen Häusern gelebt hatten.

Vom höchsten Punkt des Dorfes aus genoss sie eine atemberaubende Aussicht auf die umliegende Landschaft Apuliens. Es war ein magischer Moment.

Laura verließ das Trulli-Dorf mit einem Gefühl der Bewunderung für diese einzigartigen Häuser und die Geschichte, die sie erzählen.

Deutsch – Italienisch:	
1. **die Trulli-Häuser**	i Trulli
2. **Architektur**	l'architettura
3. **Atmosphäre**	l'atmosfera
4. **Fenster**	la finestra, le finestre
5. **Tür**	la porta, le porte
6. **Stein**	la pietra, le pietre
7. **Innenraum**	l'interno
8. **Landschaft**	il paesaggio, i paesaggi
9. **Dorf**	il villaggio, i villaggi
10. **Bewunderung**	l'ammirazione

GESCHICHTE 21

ITALIENISCH:

Una degustazione di vini in una cantina storica del Chianti

Sophie e Max erano entusiasti quando sono stati invitati a una degustazione di vini in una pittoresca cantina del Chianti. La cantina si trovava in un vecchio edificio rustico circondato da vigneti.

La padrona di casa li ha guidati attraverso i corridoi rivestiti di legno e ha spiegato la storia della cantina. In una stanza con grandi botti, erano conservati diversi tipi di vino che venivano offerti in degustazione.

Si sono accomodati a un tavolo e hanno ricevuto una selezione di vini. La padrona di casa ha spiegato il processo di degustazione del vino, dall'osservazione del colore all'apprezzamento dell'aroma e del gusto.

Sophie e Max hanno assaggiato i diversi vini, hanno discusso le loro sensazioni e si sono divertiti molto. Si sono sentiti dei veri esperti di vino e hanno apprezzato l'atmosfera rilassata.

Alla fine della degustazione, hanno deciso di acquistare alcune bottiglie dei deliziosi vini per portare a casa il ricordo di questa esperienza speciale.

DEUTSCH:

Eine Weinverkostung in einem historischen Weinkeller in Chianti

Sophie und Max waren begeistert, als sie zu einer Weinverkostung in einem malerischen Weinkeller in Chianti eingeladen wurden. Der Weinkeller befand sich in einem alten, rustikalen Gebäude, das von Reben umgeben war.

Die Gastgeberin führte sie durch die holzgetäfelten Gänge und erklärte die Geschichte des Weinkellers. In einem Raum mit großen Fässern wurden verschiedene Weinsorten gelagert und zur Verkostung angeboten.

Sie nahmen an einem Tisch Platz und bekamen eine Auswahl an Weinen serviert. Die Gastgeberin erklärte den Prozess der Weinverkostung, von der Betrachtung der Farbe bis zum Genuss des Aromas und Geschmacks.

Sophie und Max probierten die verschiedenen Weine, diskutierten ihre Eindrücke und hatten eine großartige Zeit. Sie fühlten sich wie echte Weinexperten und genossen die entspannte Atmosphäre.

Am Ende der Verkostung entschieden sie sich, einige Flaschen der köstlichen Weine zu kaufen, um die Erinnerung an dieses besondere Erlebnis mit nach Hause zu nehmen.

Deutsch – Italienisch:

1.	**Weinverkostung**	la degustazione del vino, le degustazioni del vino
2.	**Weinkeller**	la cantina del vino, le cantine del vino
3.	**Weinsorten**	le varietà di vino, le varietà di vino
4.	**Verkostung**	la degustazione, le degustazioni
5.	**Gastgeberin**	la padrona di casa
6.	**Fässer**	le botti
7.	**Auswahl**	la selezione, le selezioni
8.	**Prozess**	il processo, i processi
9.	**Genuss**	il godimento
10.	**Erinnerung**	il ricordo, i ricordi

GESCHICHTE 22

ITALIENISCH:

Visita a un vivace mercato settimanale con prelibatezze fresche

In una mattina di sole, Laura si è recata al mercato settimanale locale. Il mercato era un alveare di attività con bancarelle che vendevano cibo fresco e prodotti artigianali.

La scelta era travolgente: frutta succosa, spezie profumate, pane croccante e formaggio delizioso. I venditori gridavano allegramente le loro offerte e i frequentatori del mercato passeggiavano da una bancarella all'altra per scegliere i prodotti migliori.

Laura non ha resistito e ha acquistato una selezione di frutta e verdura. Si sentiva incantata dall'atmosfera vivace e dai diversi sapori.

Mentre passeggiava per il mercato, Laura si sentiva come nel paradiso dei buongustai. Non vedeva l'ora di preparare e gustare le prelibatezze fresche a casa.

DEUTSCH:

Ein Besuch in einem lebendigen Wochenmarkt mit frischen Köstlichkeiten

An einem sonnigen Morgen begab sich Laura zum örtlichen Wochenmarkt. Der Markt war ein buntes Treiben von Ständen mit frischen Lebensmitteln und handgemachten Waren.

Die Auswahl war überwältigend: saftige Früchte, duftende Gewürze, knuspriges Brot und köstlicher Käse. Die Verkäufer riefen fröhlich ihre Angebote aus und die Marktbesucher schlenderten von Stand zu Stand, um die besten Produkte auszuwählen.

Laura konnte nicht widerstehen und kaufte eine Auswahl an Obst und Gemüse. Sie fühlte sich von der lebendigen Atmosphäre und den vielfältigen Aromen verzaubert.

Während sie durch den Markt schlenderte, fühlte Laura sich wie in einem Paradies für Genießer. Sie konnte es kaum erwarten, die frischen Köstlichkeiten zu Hause zuzubereiten und zu genießen.

Deutsch – Italienisch:

1.	**Wochenmarkt**	il mercato settimanale
2.	**frische Köstlichkeiten**	le prelibatezze fresche
3.	**Stände**	le bancarelle
4.	**Auswahl**	la scelta, le scelte
5.	**frisches Essen**	il cibo fresco, i cibi freschi
6.	**handgemachte Waren**	i prodotti artigianali
7.	**Aromen**	gli aromi
8.	**Verkäufer**	i venditori
9.	**Besucher**	il visitatore, i visitatori la visitatrice, le visitatrici
10.	**lebendige Atmosphäre**	l’atmosfera vivace, le atmosfere vivaci

GESCHICHTE 23

ITALIENISCH:

Gita in barca alla scoperta della splendida isola di Capri

In una luminosa giornata di sole, Laura decise di fare una gita in barca alla pittoresca isola di Capri. Il mare blu intenso scintillava alla luce del sole mentre la barca scivolava dolcemente sulle onde.

Quando raggiunse l'isola, fu sopraffatta dalla bellezza delle scogliere e dai colori vivaci delle case. Il giro in barca le regalò una vista mozzafiato delle grotte e delle caverne lungo la costa.

Girando per l'isola, trovò sentieri nascosti che conducevano a punti panoramici mozzafiato. Da lì poteva ammirare la scintillante distesa del mare e le maestose scogliere.

Dopo una giornata di esplorazione, Laura è tornata con tanti bei ricordi e una profonda ammirazione per la bellezza naturale di Capri.

DEUTSCH:

Eine Bootsfahrt zur atemberaubenden Insel Capri

An einem strahlend sonnigen Tag entschied sich Laura für eine Bootsfahrt zur malerischen Insel Capri. Das tiefblaue Meer glitzerte im Sonnenlicht, während das Boot sanft über die Wellen glitt.

Als sie die Insel erreichte, war sie überwältigt von der Schönheit der Steilküsten und den lebhaften Farben der Häuser. Die Bootsfahrt ermöglichte ihr einen atemberaubenden Blick auf die Grotten und Höhlen entlang der Küste.

Während sie auf der Insel spazierte, fand sie versteckte Pfade, die zu atemberaubenden Aussichtspunkten führten. Von dort aus konnte sie die schimmernde Weite des Meeres und die majestätischen Felsen bewundern.

Nach einem Tag voller Erkundungen kehrte Laura mit vielen wunderschönen Erinnerungen und einer tiefen Bewunderung für die Naturschönheiten von Capri zurück.

Deutsch – Italienisch:

1.	**Bootsfahrt**	la gita in barca, le gite in barca
2.	**Insel**	l'isola, le isole
3.	**atemberaubend**	mozzafiato
4.	**Küste**	la costa, le coste
5.	**Grotte**	la grotta, le grotte
6.	**Aussichtspunkt**	il punto panoramico, i punti panoramici
7.	**Naturschönheit**	la bellezza naturale, le bellezze naturali
8.	**Blick**	la vista
9.	**Erinnerungen**	i ricordi
10.	**Erkundungen**	le esplorazioni

GESCHICHTE 24

ITALIENISCH:

Una giornata nell'incantevole Castello di Miramare sul mare Adriatico

In una giornata di sole, Lisa decise di visitare l'incantevole Castello di Miramare, sulla costa adriatica. Era ansiosa di esplorare i magnifici giardini e le sale storiche.

Quando raggiunse il castello, rimase colpita dalla sua maestosa architettura. I fiori colorati dei giardini emanavano una piacevole fragranza, mentre la vista sul mare azzurro era semplicemente mozzafiato.

Lisa si aggirò per le magnifiche sale e imparò a conoscere la storia del castello. Immaginava che un tempo il castello fosse abitato da membri della famiglia nobile austriaca.

Dalle terrazze si godeva la vista del mare Adriatico e poteva sentire il rumore delle onde. Era un luogo ricco di storia e di bellezza.

Con molte nuove sensazioni, Lisa lasciò il Castello di Miramare sapendo che non avrebbe mai dimenticato questo luogo incantevole.

DEUTSCH:

Ein Tag im zauberhaften Schloss Miramare an der Adria

An einem sonnigen Tag entschied sich Lisa, das bezaubernde Schloss Miramare an der Adriaküste zu besuchen. Sie war gespannt darauf, die prächtigen Gärten und die historischen Räume zu erkunden.

Als sie das Schloss erreichte, war sie von seiner majestätischen Architektur beeindruckt. Die bunten Blumen in den Gärten verströmten einen angenehmen Duft, während der Blick auf das azurblaue Meer einfach atemberaubend war.

Lisa wanderte durch die prunkvollen Säle und lernte die Geschichte des Schlosses kennen. Sie stellte sich vor, wie das Schloss einst von Mitgliedern der österreichischen Adelsfamilie bewohnt wurde.

Von den Terrassen aus genoss sie den Blick auf die Adria und konnte das Rauschen der Wellen hören. Es war ein Ort, der von Geschichte und Schönheit durchdrungen war.

Mit vielen neuen Eindrücken verließ Lisa das Schloss Miramare und wusste, dass sie diesen zauberhaften Ort nie vergessen würde.

Deutsch – Italienisch:

1.	**Schloss**	il castello, i castelli
2.	**zauberhaft**	magico, -a
3.	**Adria**	Adriatico
4.	**Garten**	il giardino, i giardini
5.	**historisch**	storico, -a
6.	**Architektur**	l'architettura
7.	**Blume**	il fiore, i fiori
8.	**Duft**	il profumo, i profumi
9.	**Blick**	la vista
10.	**Terrasse**	la terrazza, le terrazze

GESCHICHTE 25

ITALIENISCH:

Un incontro con una talentuosa artista di strada italiana

Mentre camminavo per le strette vie di Firenze, i miei occhi sono caduti su una giovane donna seduta sul marciapiede, che dipingeva su una tela con colori vivaci. Sono stato immediatamente catturato dalla sua arte.

Mi sono fermato a guardarla all'opera. Stava dipingendo un quadro della splendida campagna fiorentina, con i suoi caratteristici tetti rossi e le dolci colline sullo sfondo. I dettagli creati con le sue abili pennellate erano impressionanti.

Quando si accorse che la stavo guardando, mi sorrise. Abbiamo iniziato a chiacchierare e ho saputo che si chiamava Isabella. Mi ha detto che da molti anni lavora come artista di strada a Firenze, condividendo la sua passione per la pittura con i passanti.

Isabella mi ha spiegato che si ispira ai paesaggi pittoreschi e agli edifici storici della sua città natale, Firenze. La sua arte è il suo modo di condividere la bellezza della città e di ispirare le persone.

Sono rimasto affascinato dalla sua dedizione e dal suo talento. Prima di proseguire, ho comprato uno dei suoi quadri come ricordo di questo incontro speciale. Mi sono sentito grato di aver incontrato un'artista di talento che cattura la magia di Firenze nelle sue opere.

DEUTSCH:

Eine Begegnung mit einer talentierten italienischen Straßenkünstlerin

Während ich durch die engen Gassen von Florenz spazierte, fiel mein Blick auf eine junge Frau, die auf dem Bürgersteig saß und mit lebhaften Farben auf einer Leinwand malte. Ihre Kunst zog mich sofort in den Bann.

Ich blieb stehen, um ihr bei der Arbeit zuzusehen. Sie malte ein Bild von der wunderschönen florentinischen Landschaft, mit den charakteristischen roten Dächern und den sanften Hügeln im Hintergrund. Die Details, die sie mit ihren geschickten Pinselstrichen schuf, waren beeindruckend.

Als sie bemerkte, dass ich zuschaute, lächelte sie mich an. Wir begannen zu plaudern, und ich erfuhr, dass ihr Name Isabella war. Sie erzählte mir, dass sie schon seit vielen Jahren als Straßenkünstlerin in Florenz arbeitet und ihre Leidenschaft für die Malerei mit den Passanten teilt.

Isabella erklärte mir, dass sie von den malerischen Landschaften und den historischen Gebäuden ihrer Heimatstadt Florenz inspiriert wird. Ihre Kunst ist ihre Art, die Schönheit der Stadt mit anderen zu teilen und die Menschen zu begeistern.

Ich war fasziniert von ihrer Hingabe und ihrem Talent. Bevor ich weiterging, kaufte ich eines ihrer Gemälde als Andenken an diese besondere Begegnung. Ich fühlte mich dankbar, eine so begabte Künstlerin getroffen zu haben, die die Magie von Florenz in ihren Werken einfängt.

Deutsch – Italienisch:		
1.	**jung**	giovane
2.	**malen**	dipingere
3.	**lebendige Farben**	i colori vivaci
4.	**Leinwand**	la tela, le tele
5.	**Landschaften**	i paesaggi
6.	**rote Dächer**	i tetti rossi
7.	**Hügel**	la collina, le colline
8.	**Detail**	il dettaglio, i dettagli
9.	**inspiriert**	ispirato, -a
10.	**künstlerisch**	artistico, -a

GESCHICHTE 26

ITALIENISCH:

Visita del centro storico di Verona

Lisa era emozionata mentre passeggiava per le strette vie del centro storico di Verona. Gli antichi edifici e le strade acciottolate emanavano un'atmosfera speciale.

Passò davanti all'imponente Torre dei Lamberti e si meravigliò dei bellissimi affreschi sugli edifici lungo la strada.

Si soffermò per un momento davanti alla casa di Giulietta. Le venne in mente la famosa scena del balcone di Romeo e Giulietta di Shakespeare.

In Piazza delle Erbe, si godette la vista dell'antica piazza del mercato con le sue colorate bancarelle.

Il fiume Adige l'ha accompagnata nella sua passeggiata e ha ammirato l'antico ponte di pietra Ponte Pietra.

Lisa è rimasta colpita dalla storia e dalla bellezza di questa città e si è sentita come se avesse viaggiato indietro nel tempo.

DEUTSCH:

Eine Tour durch das historische Zentrum von Verona

Lisa war aufgeregt, als sie durch die engen Gassen des historischen Zentrums von Verona schlenderte. Die alten Gebäude und Kopfsteinpflasterstraßen strahlten eine besondere Atmosphäre aus.

Sie passierte den imposanten Torre dei Lamberti und bestaunte die wunderschönen Fresken an den Gebäuden entlang der Straße.

Vor dem Haus von Julia verweilte sie einen Moment. Die berühmte Balkonszene aus Shakespeares «Romeo und Julia» kam ihr in den Sinn.

In der Piazza delle Erbe genoss sie den Anblick des antiken Marktplatzes mit seinen farbenfrohen Marktständen.

Der Fluss Adige begleitete sie auf ihrem Spaziergang, und sie bewunderte die alte Steinbrücke Ponte Pietra.

Lisa war beeindruckt von der Geschichte und Schönheit dieser Stadt und fühlte sich, als ob sie in vergangene Zeiten gereist wäre.

Deutsch – Italienisch:

1.	**historisches Zentrum**	il centro storico
2.	**Gasse**	la strada, le strade
3.	**alte Gebäude**	gli edifici antichi
4.	**Platz**	la piazza, le piazze
5.	**Markt**	il mercato, i mercati
6.	**Fresken**	gli affreschi
7.	**Fluss**	il fiume, i fiumi
8.	**Brücke**	il ponte, i ponti
9.	**Geschichte**	la storia
10.	**zurück**	indietro

GESCHICHTE 27

ITALIENISCH:

Un viaggio nella mistica città-grotta di Matera

Quando Anna visitò la città di Matera, le sembrò di essere in un altro mondo. Le case erano scavate nella roccia e formavano un labirinto di strade strette. L'atmosfera era magica e misteriosa.

Ha fatto una visita guidata alle antiche abitazioni rupestri utilizzate un tempo dagli abitanti. Le pareti erano decorate con elaborati affreschi che raccontavano storie di tempi passati.

Da un punto panoramico, Anna godette di una vista mozzafiato sulla città. Il sole illuminava le grotte e i vicoli con una luce calda.

In un accogliente caffè ha assaggiato le specialità locali, tra cui il pane croccante con olio d'oliva e basilico. I sapori erano incomparabili.

Anna camminava per le strade dove la storia riecheggiava tra le vecchie mura. Le sembrava di essere tornata indietro nel tempo, quando la vita era più semplice, ma altrettanto ricca di cultura e tradizione.

DEUTSCH:

Ein Ausflug in die mystische Höhlenstadt Matera

Als Anna die Stadt Matera besuchte, fühlte sie sich wie in einer anderen Welt. Die Häuser waren in die Felsen gehauen und bildeten ein Labyrinth aus engen Gassen. Die Atmosphäre war magisch und geheimnisvoll.

Sie machte eine Führung durch die antiken Höhlenwohnungen, die einst von den Bewohnern genutzt wurden. Die Wände waren mit kunstvollen Fresken verziert, die Geschichten vergangener Zeiten erzählten.

Von einem Aussichtspunkt aus genoss Anna einen atemberaubenden Blick auf die Stadt. Die Sonne tauchte die Höhlen und Gassen in ein warmes Licht.

In einem gemütlichen Café probierte sie lokale Spezialitäten, darunter knuspriges Brot mit Olivenöl und Basilikum. Die Aromen waren unvergleichlich.

Anna spazierte durch die Straßen, in denen die Geschichte in den alten Mauern widerhallte. Sie fühlte sich, als ob sie in eine Zeit zurückgereist wäre, in der das Leben einfacher war, aber genauso reich an Kultur und Tradition.

Deutsch – Italienisch:

1.	**Stadt**	la città, le città
2.	**Felsen**	la roccia, le rocce
3.	**Gasse**	il vicolo, i vicoli
4.	**Führung**	la visita guidata, le visite guidate
5.	**Höhlenwohnungen**	le abitazioni scavate nelle grotte
6.	**Wand**	la parete, le pareti
7.	**Aussichtspunkt**	il punto panoramico, i punti panoramici
8.	**Spezialitäten**	le specialità
9.	**knusprig**	croccante
10.	**unvergleichlich**	incomparabile

GESCHICHTE 28

ITALIENISCH:

Un tour in bicicletta lungo la pittoresca costa ligure

Giulia e Luca erano entusiasti all'idea di fare un tour in bicicletta lungo la pittoresca costa ligure. La strada costiera si snodava strettamente lungo la costa blu turchese e offriva panorami mozzafiato.

Iniziarono la mattina presto in una piccola città costiera. L'odore di salsedine e l'aria fresca li hanno accompagnati mentre salivano sulle dolci colline. Lungo la strada, hanno attraversato villaggi pittoreschi con case colorate e strade strette.

Si fermarono a un punto panoramico per godersi il panorama. Il mare si estendeva infinito davanti a loro e il sole luccicava sulle onde.

Continuarono il viaggio e finalmente raggiunsero il famoso villaggio di pescatori noto per i suoi deliziosi frutti di mare. Qui fecero una pausa e si godettero un delizioso pranzo in un accogliente ristorante del porto.

Il viaggio di ritorno li ha condotti attraverso profumati limoneti e uliveti. Sembrava di essere immersi in un altro mondo, lontano dal trambusto della città.

Nel tardo pomeriggio tornarono al punto di partenza. Le loro gambe erano stanche, ma i loro cuori erano pieni delle bellezze che avevano sperimentato durante il loro tour in bicicletta.

DEUTSCH:

Eine Fahrradtour entlang der malerischen Ligurischen Küste

Julia und Luca waren begeistert von der Idee, eine Fahrradtour entlang der malerischen Ligurischen Küste zu machen. Die Küstenstraße schlängelte sich eng an die türkisblaue Meeresküste und bot atemberaubende Ausblicke.

Sie starteten früh am Morgen in einem kleinen Küstenort. Der Duft von Salz und frischer Luft begleitete sie, während sie die sanften Hügel hinauffuhren. Unterwegs passierten sie malerische Dörfer mit bunten Häusern und engen Gassen.

An einem Aussichtspunkt machten sie Halt, um die Aussicht zu genießen. Das Meer erstreckte sich endlos vor ihnen, und die Sonne glitzerte auf den Wellen.

Sie setzten ihre Fahrt fort und erreichten schließlich das berühmte Fischerdorf, das für seine köstlichen Meeresfrüchte bekannt war. Dort machten sie eine Pause und genossen ein leckeres Mittagessen in einem gemütlichen Restaurant am Hafen.

Die Rückfahrt führte sie durch duftende Zitronenhaine und vorbei an Olivenhainen. Sie fühlten sich, als ob sie in eine andere Welt eingetaucht wären, weit weg vom Trubel der Stadt.

Am späten Nachmittag kehrten sie zum Ausgangspunkt zurück. Ihre Beine waren müde, aber ihre Herzen waren erfüllt von den Schönheiten, die sie auf ihrer Fahrradtour erlebt hatten.

Deutsch – Italienisch:

1.	**Fahrradtour**	il giro in bicicletta, i giri in bicicletta
2.	**Küste**	la costa, le coste
3.	**Aussicht**	la vista
4.	**Meer**	il mare
5.	**Dorf**	il villaggio, i villaggi
6.	**Mittagessen**	il pranzo, i pranzi
7.	**Pause**	la pausa, le pause
8.	**Rückfahrt**	il ritorno
9.	**Bein**	la gamba, le gambe
10.	**Schönheit**	la bellezza, le bellezze

GESCHICHTE 29

ITALIENISCH:

Una giornata all'insegna dell'avventura nel parco divertimenti Gardaland

Sophie e Luca erano entusiasti quando sono entrati nel parco divertimenti Gardaland. Le giostre e le attrazioni intorno a loro promettevano una giornata di divertimento e avventura.

La loro prima tappa fu un ottovolante che sfrecciava in loop mozzafiato. Sophie era un po' nervosa, ma Luca la incoraggiò a provare. La velocità e la forza G erano entusiasmanti!

Dopo essere scesi dalle montagne russe, hanno sentito l'adrenalina e hanno deciso di fare un giro in acqua. Si sono bagnati, ma è stato un gradito refrigerio vista la giornata calda.

Nel parco divertimenti c'erano anche accoglienti giostre e giochi che consentivano di vincere dei premi. Luca ha vinto un enorme orsacchiotto di peluche, che ha portato con orgoglio per tutto il giorno.

Nel pomeriggio hanno fatto una pausa e hanno gustato una deliziosa pizza nel parco. I bambini adorano la cucina italiana e sono rimasti entusiasti del cibo.

La giornata è volata e quando il sole è tramontato, Sophie e Luca erano felici, stanchi e pieni di ricordi indimenticabili della loro giornata a Gardaland.

DEUTSCH:

Ein Tag voller Abenteuer im Freizeitpark Gardaland

Sophie und Luca waren aufgeregt, als sie den Freizeitpark Gardaland betraten. Die Fahrgeschäfte und Attraktionen um sie herum versprachen einen Tag voller Spaß und Abenteuer.

Ihr erster Halt war eine Achterbahn, die durch atemberaubende Loopings raste. Sophie war etwas nervös, aber Luca ermutigte sie, es auszuprobieren. Die Geschwindigkeit und die G-Kräfte waren aufregend!

Nachdem sie aus der Achterbahn gestiegen waren, spürten sie den Adrenalinschub und beschlossen, eine Wasserbahnfahrt zu unternehmen. Sie wurden klatschnass, aber es war angesichts des heißen Tages eine willkommene Erfrischung.

Der Freizeitpark hatte auch gemütliche Karussells und Spiele, bei denen sie Preise gewinnen konnten. Luca gewann einen riesigen Plüschteddybären, den sie den ganzen Tag stolz mit sich herumtrugen.

Am Nachmittag machten sie eine Pause und genossen eine leckere Pizza im Park. Sie liebten die italienische Küche und freuten sich über das Essen.

Der Tag verging wie im Flug, und als die Sonne unterging, waren Sophie und Luca glücklich, müde und voller unvergesslicher Erinnerungen an ihren Tag im Gardaland.

Deutsch – Italienisch:

1.	**Freizeitpark**	il Parco Divertimenti
2.	**Abenteuer**	l'avventura, le avventure
3.	**Tag**	il giorno, i giorni
4.	**voll (von)**	pieno di
5.	**Attraktionen**	le attrazioni
6.	**Achterbahn**	le montagne russe
7.	**Spaß**	il divertimento
8.	**essen**	mangiare
9.	**lachen**	ridere
10.	**Karussell**	la giostra, le giostre

GESCHICHTE 30

ITALIENISCH:

Una cena con una famiglia italiana tradizionale

Era una calda sera d'estate quando fui invitato a cena da una famiglia italiana tradizionale. La famiglia viveva in una casa accogliente alla periferia di Firenze.

Quando arrivai, fui accolto calorosamente da tutti i membri della famiglia. La tavola era riccamente apparecchiata con deliziosi piatti italiani. C'era un profumo di basilico e pomodori freschi.

Durante il pasto si raccontavano storie e si rideva. Laa nonna della famiglia, ha raccontato dei tempi passati e dell'importanza delle tradizioni.

Abbiamo gustato della pasta con un ricco sugo di pomodoro, pizze fatte in casa con pasta croccante e mozzarella fresca e molte altre specialità.

Dopo il piatto principale, è stata servita una selezione di dolci, tra cui tiramisù e cannoli. Le conversazioni sono diventate più vivaci e mi sono sentito parte di questa calda famiglia italiana.

Quando è arrivato il momento di salutarci, sono stato accolto da abbracci e baci su entrambe le guance. Mi sono sentito onorato di aver partecipato a questa speciale esperienza culinaria.

DEUTSCH:

Ein Abendessen bei einer traditionellen italienischen Familie

Es war ein warmer Sommerabend, als ich zu einem Abendessen bei einer traditionellen italienischen Familie eingeladen wurde. Die Familie lebte in einem gemütlichen Haus am Stadtrand von Florenz.

Als ich ankam, wurde ich herzlich von allen Mitgliedern der Familie begrüßt. Die Tafel war reich gedeckt mit köstlichen italienischen Gerichten. Es roch nach frischem Basilikum und Tomaten.

Während des Essens wurden Geschichten erzählt und gelacht. Die Nonna, die Großmutter der Familie, erzählte von alten Zeiten und der Bedeutung von Traditionen.

Wir genossen Pasta mit einer reichhaltigen Tomatensoße, hausgemachte Pizzen mit knusprigem Teig und frischem Mozzarella, sowie viele andere Spezialitäten.

Nach dem Hauptgang wurde eine Auswahl an Dolci serviert, darunter Tiramisu und Cannoli. Die Gespräche wurden lebhafter, und ich fühlte mich wie ein Teil dieser herzlichen italienischen Familie.

Als es Zeit war, sich zu verabschieden, wurde ich mit Umarmungen und Küssen auf beiden Wangen verabschiedet. Ich fühlte mich geehrt, Teil dieser besonderen kulinarischen Erfahrung gewesen zu sein.

Deutsch – Italienisch:

1.	**warm**	caldo, -a
2.	**Abendessen**	la cena, le cene
3.	**reich(lich)**	riccamente
4.	**hausgemacht**	fatto in casa
5.	**Tisch**	la tavola, le tavole
6.	**Gericht**	il piatto, i piatti
7.	**Tomate**	il pomodoro, i pomodori
8.	**Nonna (Großmutter)**	nonna
9.	**sich verabschieden**	salutarsi
10.	**Umarmung**	l’abbraccio, gli abbracci

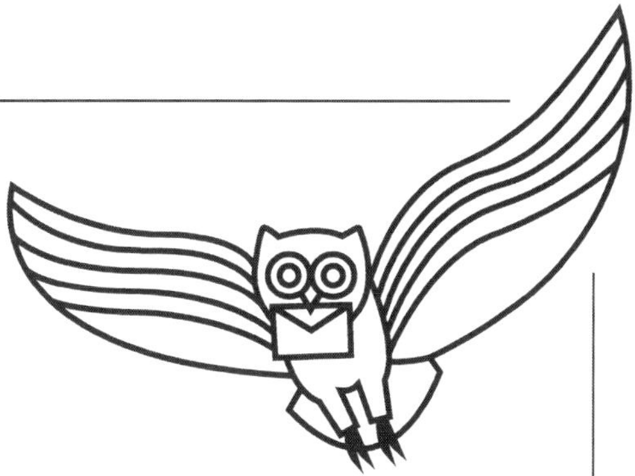